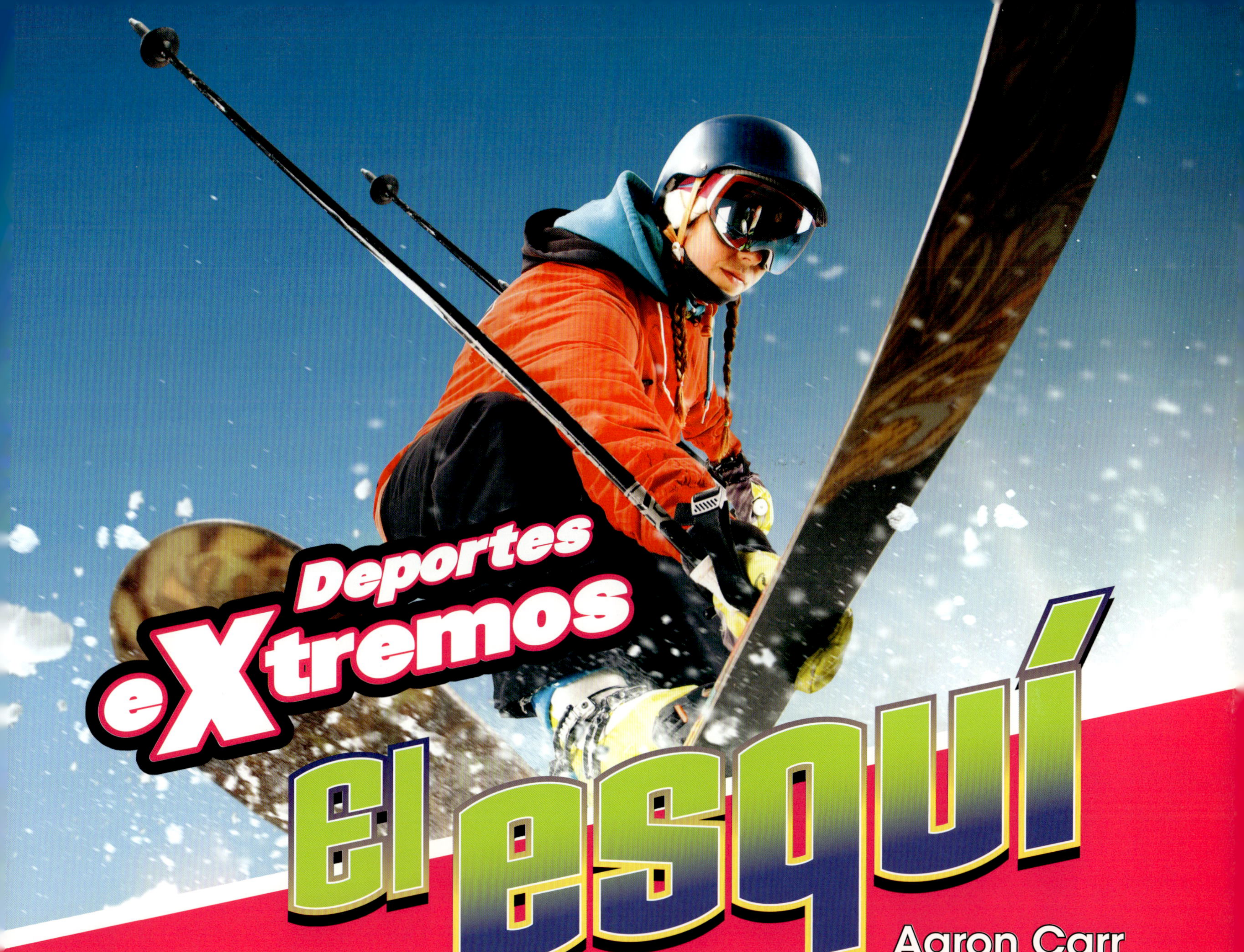

Deportes eXtremos

El esquí

Aaron Carr

AV2 SPANISH

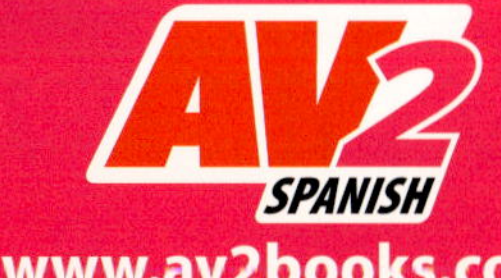

www.av2books.com

Step 1
Go to **www.av2books.com**

Step 2
Enter this unique code
AVH99956

Step 3
Explore your interactive eBook!

AV2 Spanish is optimized for use on any device

Media Enhanced Book
Every hardcover Spanish title comes with two free eBooks for a complete bilingual experience

AV2 Page Controls
An intuitive design allows users to go back and forth through the pages in their selected language

Language Toggle
Users can toggle between Spanish and English to learn the vocabulary of both languages

View new titles and product videos at www.av2books.com

El esquí

Contenidos

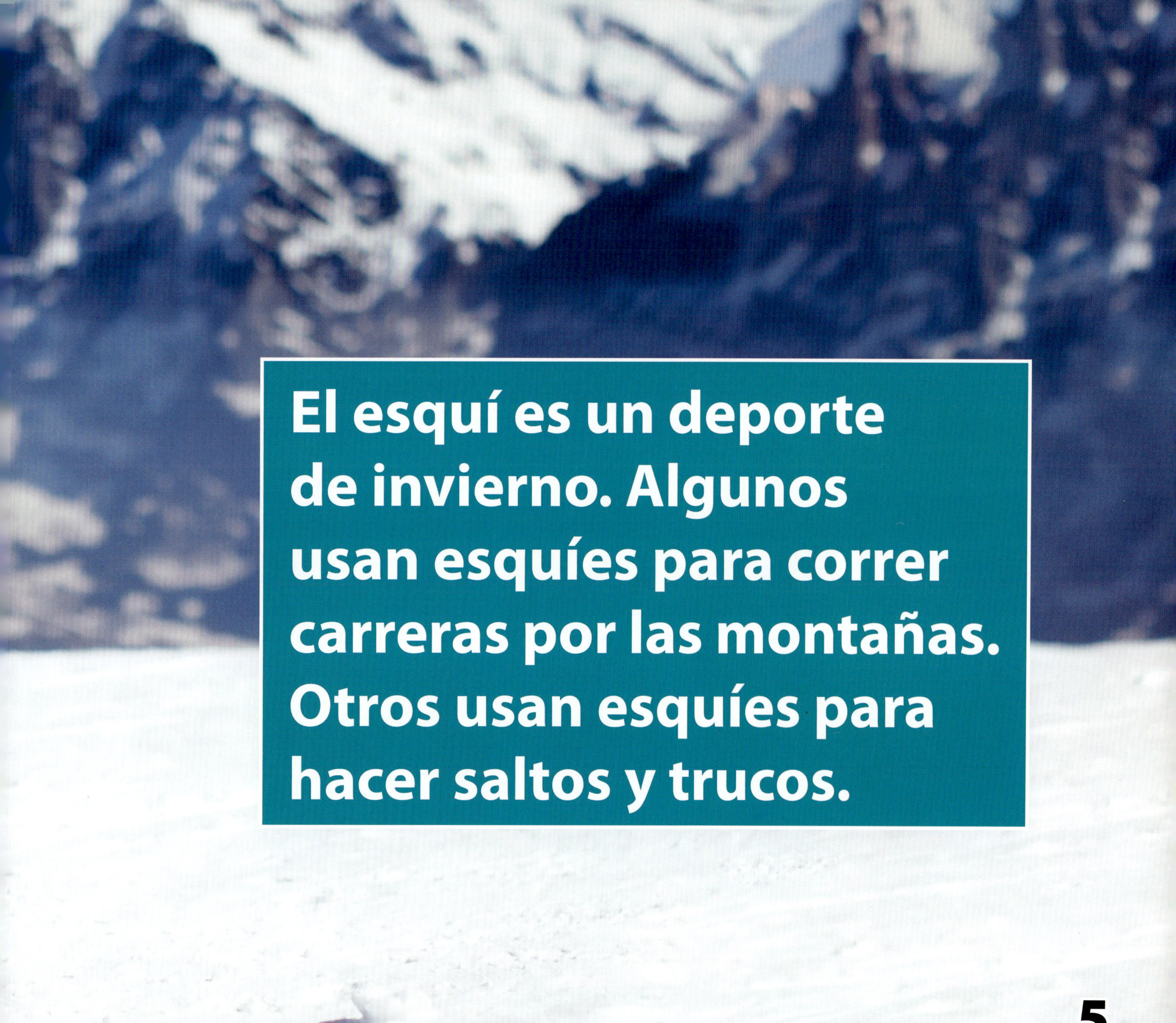

El esquí es un deporte de invierno. Algunos usan esquíes para correr carreras por las montañas. Otros usan esquíes para hacer saltos y trucos.

Los esquís son tablas largas y angostas que se fijan a cada pie. Son más anchos en las puntas que en el medio. Esto hace que sea más fácil girar.

Los esquiadores profesionales van a gran velocidad en sus esquís.

Los esquiadores siempre deben usar casco para protegerse si se caen.

Los esquiadores profesionales usan casco, gafas, guantes y botas.

Se puede esquiar en muchos lugares. Algunos esquían por cerros o montañas. Otros van a los parques de esquí.

Los esquiadores profesionales esquían en montañas empinadas.

Para llegar a ser buenos esquiadores, es importante practicar mucho.

Los esquiadores profesionales practican muchas horas todos los días.

Los esquiadores saltan por una gran rampa y hacen trucos. Esto se llama *Big Air*.

Los esquiadores profesionales obtienen puntos por hacer trucos difíciles en el *Big Air*.

Los esquiadores esquían en una rampa con forma de U y hacen trucos. Esto se llama *Superpipe*.

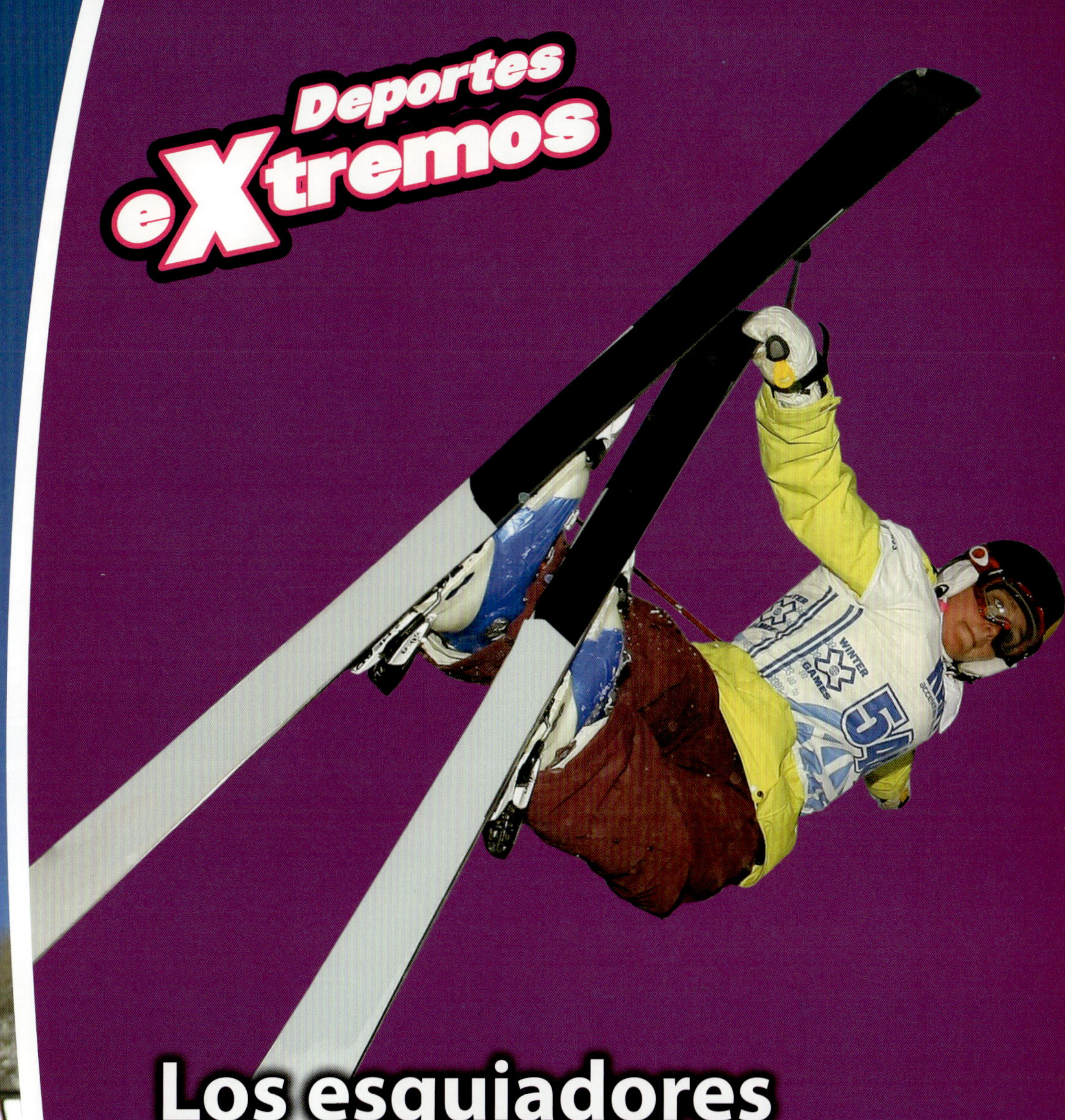

Los esquiadores profesionales deben hacer muchos trucos en el *Superpipe*.

Los esquiadores hacen trucos sobre barandas y saltos. Esto se llama *Slopestyle*.

Los esquiadores profesionales hacen vueltas y giros en el *Slopestyle*.

Grandes esquiadores de todas partes del mundo participan en los X Games de invierno.

La gente va a ver a los esquiadores hacer grandes saltos y trucos.

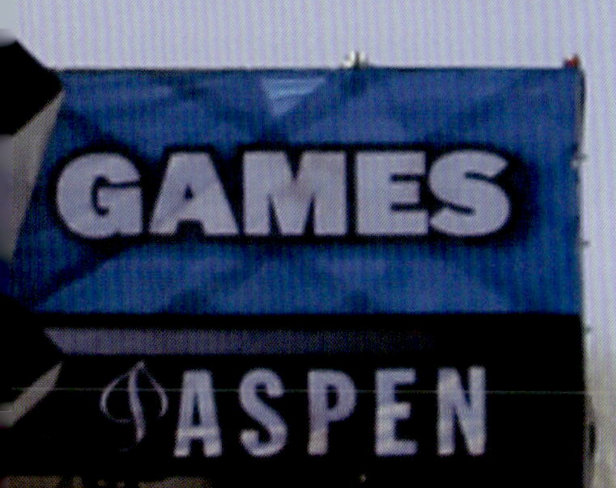

DATOS SOBRE EL ESQUÍ

Estas páginas ofrecen información detallada sobre los interesantes datos de este libro. Están dirigidas a los adultos, como soporte, para que ayuden a los jóvenes lectores a redondear sus conocimientos sobre cada deporte presentado en la serie *Deportes extremos*.

Páginas 4–5

El esquí es un deporte que requiere de fuerza y equilibrio. El esquí existe desde hace miles de años. Los esquís más antiguos que se conocen tienen más de 7.000 años. Hoy, hay muchos tipos de esquí. Los dos tipos principales son el esquí nórdico y el esquí alpino. El esquí nórdico se practica sobre pistas planas. El alpino suele llamarse esquí de descenso y se practica en los cerros y montañas.

Páginas 6–7

Los esquís solían ser de madera, pero ahora, la mayoría son de fibra de vidrio y aluminio. Cada tabla tiene una leve curvatura hacia adentro en el medio. Esto ayuda a girar con más facilidad. Algunos esquís tienen la punta delantera y trasera levantada. Estos esquís se usan generalmente para hacer saltos, ya que permiten al esquiador caer tanto hacia adelante como hacia atrás. Este tipo de esquí se llama "*twin tip*".

Páginas 8–9

El casco es la pieza más importante del equipo de protección de los esquiadores. Si el esquiador se cae y se golpea la cabeza sin tener casco, puede sufrir una lesión grave. Las gafas también son importantes ya que protegen los ojos del esquiador del sol, la nieve y el viento. Los esquiadores también deben usar ropa abrigada y resistente al agua. Muchos usan camisetas y pantalones térmicos debajo de una chaqueta y pantalones de nieve con buena aislación térmica.

Páginas 10–11

Se puede esquiar en cualquier montaña nevada. En general, el esquí se practica en los cerros o centros de esquí de las cadenas montañosas. La dificultad de cada pista de esquí está marcada con formas de colores. El punto verde representa las pistas más fáciles, el cuadrado azul, las intermedias y el rombo negro, las pistas más difíciles. Las pistas para expertos están marcadas con un doble rombo negro.

Páginas 12–13

Practicar es lo más importante para llegar a ser bueno en cualquier deporte, incluido el esquí. La mayoría de los esquiadores profesionales pasan todo el invierno practicando sus movimientos en los centros y parques de esquí. Practican en diferentes tipos de nieve, climas y terrenos. Algunos esquiadores incluso intentan crear trucos nuevos que nadie haya hecho antes.

Páginas 14–15

El *Big Air* comenzó siendo una competencia de snowboard en los X Games pero en 1999 se modificó para incluir a los esquiadores. En el *Big Air* compiten los cuatro mejores esquiadores del mundo que intentan hacer el mejor truco para vencer a los demás. Los esquiadores se lanzan por una gran rampa y realizan acrobacias aéreas mientras vuelan por el aire. Tienen dos intentos para hacer su mejor truco. Los trucos se juzgan por su dificultad.

Páginas 16–17

El *Superpipe* es un tubo con forma de U de 500 pies (152 metros) de largo por 17 pies (5 m) de profundidad. El tubo mide 54 pies (16 m) de borde a borde y permite a los esquiadores ganar velocidad y elevación para realizar trucos. Los esquiadores bajan la pendiente deslizándose de un lado al otro del tubo para luego lanzarse al aire y realizar los trucos aéreos. Los trucos más difíciles obtienen más puntos.

Páginas 18–19

El *Slopestyle* es una serie de barandas y saltos a lo largo de una pista de esquí. Primero, los esquiadores se deslizan por las barandas y realizan trucos técnicos, como girar en el aire. Al saltar, los esquiadores se toman de la punta de los esquís mientras dan vueltas y giran en el aire. El recorrido del *Slopestyle* es diferente cada año para que los esquiadores puedan mostrar diferentes trucos y talentos.

Páginas 20–21

Los X Games de invierno es una competencia deportiva anual que presenta a los mejores deportistas extremos. Los X Games de invierno comenzaron en 1997. Allí se realizan competencias de snowboard, esquí y moto de nieve. Algunos de los mejores esquiadores del mundo compiten en los X Games de invierno. En algunas de las competencias, se pueden ver a los esquiadores volando por el aire o descendiendo a gran velocidad por la montaña.

Step 1
Go to **www.av2books.com**

Step 2
Enter this unique code
AVH99956

Step 3
Explore your interactive eBook!

AV2 Spanish is optimized for use on any device

Published by AV2
14 Penn Plaza, 9th Floor New York, NY 10122
Website: www.av2books.com

Library of Congress Control Number: 2020939593

ISBN 978-1-7911-2928-6 (hardcover)
ISBN 978-1-7911-2929-3 (multi-user eBook)

062020
101719

Printed in Guangzhou, China
1 2 3 4 5 6 7 8 9 0 24 23 22 21 20

Spanish Project Coordinator: Sara Cucini Spanish Editor: Translation Services USA LLC
English Project Coordinator: Ryan Smith Designer: Terry Paulhus

Every reasonable effort has been made to trace ownership and to obtain permission to reprint copyright material. The publisher would be pleased to have any errors or omissions brought to its attention so that they may be corrected in subsequent printings.

The publisher acknowledges Getty Images, iStock, and Shutterstock as the primary image suppliers for this title.

View new titles and product videos at www.av2books.com